AF338773

RÉFUTATION

DU RAPPORT DE LA COMMISSION

DU BUDGET,

EN CE QUI CONCERNE NOS POSSESSIONS

EN AFRIQUE.

PAR

M. le baron Vollaud,

INTENDANT MILITAIRE, DÉLÉGUÉ DES COLONS D'ALGER.

IMPRIMERIE DE L.-E. HERHAN,

380, RUE SAINT-DENIS.

—

1835.

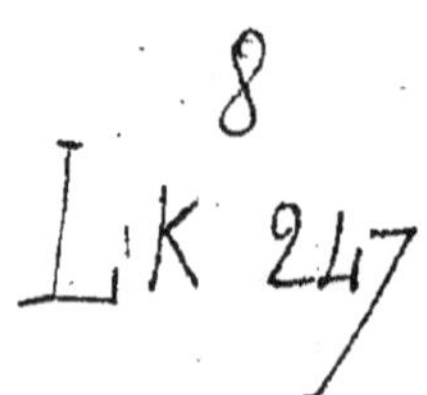

RÉFUTATION

DU RAPPORT DE LA COMMISSION

DU BUDGET,

EN CE QUI CONCERNE NOS POSSESSIONS EN AFRRIQUE.

Il est donc vrai que la conservation et la colonisation d'Alger sont devenues un sujet sérieux de controverse : la postérité aura peine à le croire; et, chose étrange, les contemporains sont loin de s'en étonner. Pour celui qui observe, c'est peut-être un des traits les plus caractéristiques de notre époque, où la manie de mettre en question les choses les plus évidentes gagne les meilleurs esprits. Dans tout autre temps, la conquête d'Alger eût été regardée comme une bonne fortune, un bonheur inespéré; aujourd'hui, on prend à tâche d'entasser les argumens pour prouver que, dans les mains de la France, cette possession n'est autre chose qu'un instrument de dommage et de ruine; qu'il faut, à tout prix, la répudier; et, ce qui donne la mesure de l'esprit public, c'est que cette opinion ne manque pas de partisans, et qu'elle en compte un grand nombre jusque dans les classes éclairées. Ainsi, ce qui était l'objet des plus vives convoitises de Bonaparte, ce qu'il aurait consenti à acheter au prix des plus grands sacrifices, ce qu'il était allé chercher si loin, faute de pouvoir le trouver si près, ce que les économistes les plus accrédités ont signalé comme un moyen de grandeur et de prospérité pour la France, serait aujourd'hui, pour nous qui le possédons, qui l'avons conquis, à si peu de frais et par le plus heureux des hasards, un objet d'indifférence et de dédain? Quand je dis pour nous, je n'entends pas parler de la France, car je n'ai garde de faire si bon marché du bon sens public, dont le tact et l'instinct sont plus sûrs que les savantes dissertations de nos érudits, mais seulement des hommes d'état, à qui le soin de ses destinées est confié. La presse, la presse elle-même, qui se vante d'être l'organe désintéressé de l'opinion, et même de la devancer dans la recherche et la découverte des nouveaux moyens de prospérité et de bien-être pour les peuples, et pour la race humaine en général, eh bien! la presse, comme si une question tant de fois agitée n'était ni étudiée, ni comprise par elle, s'est montrée froide et silencieuse, tandis qu'elle ouvre ses colonnes à de vaines dissertations, vouées à l'oubli souvent même avant d'être lues.

Tant que l'esprit d'opposition sur la question de la colonisation n'a apparu que par manière de conversation, et dans quelques brochures fugitives, le péril n'était pas imminent, et il suffisait du bon sens public pour en faire justice (1); mais aujourd'hui, qu'il se montre à décou-

(1) Parmi ces brochures, celle portant pour titre : *La France doit-elle conserver Alger*, a paru faire quelque sensation dans cette partie du public qui s'occupe de la question.

vert, qu'il se produit jusqu'à la tribune, et qu'il a pour organe une célébrité financière de l'époque, une pareille attaque appelle la défense, et il y a nécessité de se mettre en garde. Mais le moyen d'introduire du neuf dans un sujet usé? Ce n'est cependant qu'à ce prix qu'on peut se promettre d'exciter l'intérêt. N'importe, il faut se résoudre à répéter ce qui a été dit tant de fois, et apparemment beaucoup mieux que nous ne saurions le dire, aux risques de devenir fastidieux. Tout les textes sont sujets à commentaires, mais aucun n'en exigeait plus impérieusement un que le rapport de la commission du budget, en ce qui concerne Alger, et nous allons essayer de le donner. Notre langage n'aura qu'un mérite, mais il est grand.

Si, pour être cru sur parole, il suffit d'affecter un ton tranchant et dogmatique, de prendre une allure dégagée, de revêtir ses opinions de la forme de jugemens sans appel, on trouve un peu de tout cela dans cette brochure, et l'auteur a usé largement du privilége de son âge, qui est de ne douter de rien, surtout lorsqu'on a le sentiment de sa force. Nous ne suivrons pas l'auteur dans toutes ses digressions. Nous n'avons pas la prétention de relever toutes les erreurs de principe et de fait dans lesquelles il est tombé; nous nous contenterons d'en signaler quelques-unes, en nous bornant aux faits seulement, car, quant aux principes, nous éviterons de nous lancer dans cette polémique sans fin.

 — C'est sans doute à travers un prisme multiplicateur qu'ont été vus les cent cinquante mille Arabes qui ont inauguré par leur présence notre prise de possession du territoire algérien; car c'est dépasser toutes les évaluations que d'élever leur nombre réel à trente mille, et il est à croire que le dey avait convoqué le ban et l'arrière-ban.

tant il est rare de nos jours, le mérite d'une conviction profonde et d'une entière bonne foi, ce qui ne veut pas dire qu'il se prétende à l'abri de l'erreur, ou exempt de méprise.

Si l'on observe ce qui a été dit dans les chambres et au sein des différentes commissions qui se sont occupées de la question, on est frappé de ce fait, c'est que ceux qui ont été sur les lieux, qui ont étudié les hommes et les choses, en sont revenus, à très peu d'exceptions près, partisans de la colonisation jusqu'à l'enthousiasme; tandis que ceux qui n'en parlent que par ouï-dire, ou d'après de vieilles chroniques, qui ne se rapportent ni à notre âge, ni à nos mœurs, ni à l'état actuel des relations politiques, commerciales et industrielles des peuples entre

C'est donc aussi à travers un autre prisme qu'on a observé les achats de terre qui ont été faits dans la Mitigia, qui formeraient à eux seuls une plaine *six fois plus grande*. Tout cela est de pure invention. Quelques transactions fictives ont pu avoir lieu; mais en général les transmissions de propriétés sont faites de gré à gré et légalement, et un grand nombre d'après les initiatives pressantes des acquéreurs.

Enfin l'auteur lance anathème sur tous les colons en général : aucun d'eux n'obtient grace devant lui, et il les pèse tous à la même balance. En se livrant à ces généralités, on court les risques de porter de faux jugemens. Si l'auteur était appelé à faire lui-même le recensement des exceptions, il serait honteux de sa méprise.

L'auteur a eu les meilleures intentions. Les erreurs dans lesquelles il est tombé sont involontaires, et il y a été induit par des documens erronnés; mais qui l'obligeait d'écrire ?

eux, s'en montrent les détracteurs obstinés. La raison
de cette divergence d'opinions, entre des hommes placés
à un point d'optique si opposé, est bien simple. Chez
ceux qui ont vu de leurs yeux, à l'aspect de ce beau ciel,
à la vue de cette terre, prête à tenir tout ce qu'elle promet, une voix secrète s'est fait entendre qui leur a dit :
Restons ici, dressons-y nos tentes, tout nous y présage
un heureux avenir. Eh bien! ce sentiment intime, qui ne
trompe jamais, est malheureusement étouffé par ces dissertations à perte d'haleine, qui n'enfantent que le doute
et ne tendent qu'à égarer l'opinion.

La commission ne conteste que très faiblement tout
ce qui a été avancé sur la beauté et la salubrité du climat,
dans les lieux où il ne s'est pas formé de marais, sur la
fertilité du sol, qui ne demande qu'à être fécondé, et, en
général, sur tous les avantages que promet l'établissement, considéré dans ses rapports politiques, commer-
ciaux, et industriels; elle a concentré toutes ses forces
sur un seul point où elle se croit inattaquable. A ses yeux,
l'obstacle sérieux à la colonisation est dans la population
indigène : cet obstacle levé, tous les autres viendraient
à s'aplanir; mais, à l'en croire, celui-là est insurmonta-
ble, et voici la raison qu'elle en donne. La race arabe est
d'humeur belliqueuse, et ses fréquentes incursions en sont
la preuve. Son ressentiment est implacable, puisqu'elle
se bat *pro aris et focis*, et qu'on ne connaît pas de plus
puissant mobile. Le jour où la France, engagée dans
une guerre continentale, serait contrainte à réduire les

forces de l'occupation, ce jour là on verrait les popula-
tions indigènes se ruer en tumulte sur nos établissemens
et y porter le fer et le feu; et, comme le cas de cette
épreuve est probable, et peut intervenir, il y aurait de
l'imprévoyance à favoriser un avenir qu'on ne peut *se
promettre de maîtriser*, et la sagesse conseille de s'abs-
tenir.

Ainsi, on voit que la commission n'envisage qu'avec
effroi l'avenir de la colonie, qu'elle se livre aux plus si-
nistres présages sur cet avenir, que la France ne peut
se promettre de maîtriser et qu'elle ne doit pas affronter.
Maîtriser l'avenir? Mais ce pouvoir n'est pas donné à
l'homme, et si l'on veut se jeter dans le champ sans
limite des prévisions, la France elle-même, quelles que
soient sa force et sa puissance, peut-elle répondre de ses
propres destinées, et, pour cela, doit-elle régler les conditions de son existence sur les dangers et les chances
d'un avenir inconnu? Que nos possessions en Afrique
soient unies à la Métropole par des liens indissolubles,
qu'elles soient *identifiées* avec elle par une *adoption* irré-
vocable, alors, partageant le sort de la mère-patrie, elles
participeront de sa force, et appuyées sur cette base,
on les verra braver avec elle les événemens.

L'humeur belliqueuse des Arabes est signalée par la
commission comme la source intarissable de tous les
désastres dont la colonie serait menacée. Je conçois qu'à
n'en juger que d'après le ton emphatique de certains bul-
letins, la valeur des Arabes doit être en grand renom,

mais ceux qui les ont tâtés et vus de près en ont une toute autre opinion. Déjà, leur ardeur première est très ralentie, et plus ils se mesureront avec nous, moins l'envie de nous attaquer leur viendra, et il suffit d'une conduite sage et mesurée de notre part, pour changer entièrement leurs dispositions et les porter à faire de leur activité et de leur énergie un emploi plus éclairé, en vue de leur bien-être, qu'ils ignorent encore, et dans lequel ils seraient promptement initiés.

Plus on étudie la condition sociale des Arabes, plus on parvient à se convaincre qu'ils sont moins redoutables qu'ils le paraissent au premier abord. Sous le rapport militaire, ils sont entièrement étrangers à la tactique européenne, et tout s'oppose à ce qu'ils y soient initiés. Chez eux, la nationalité, ce puissant mobile des masses, est tout-à-fait inconnue : dès lors ils ne forment que des aggrégations éphémères, et ne sauraient se réunir et se coaliser dans un même esprit et un même but. Ce sont des tribus isolées et éparses, qui reconnaissent des chefs qu'elles adoptent et quittent à volonté. Sans cesse en guerre entre elles, elles seraient disposées à reconnaître notre médiation pour sortir de cette anarchie, qui les dévore et qui s'oppose à leur bien-être.

On n'a généralement que des notions vagues et confuses sur les élémens dont se compose la population indigène : il n'est pas hors de propos de les faire connaître. La population indigène comprend trois grandes catégories ; les subdivisions dont chacune de ces catégories se compose n'entrant pas dans notre sujet, nous nous abstien-drons d'en faire mention.

La race maure forme la première catégorie : elle ne saurait être invoquée en bien ni en mal, car elle est également inhabile à l'un et à l'autre. Elle use du peu d'influence qui lui reste à de petites intrigues obscures qui décèlent sa faiblesse et sa nullité; ainsi elle ne peut être d'aucun poids dans l'appréciation des dangers dont on nous menace. La race juive forme la seconde caté-gorie : elle est restée, à Alger, ce qu'elle était dans le moyen-âge. On sait combien, en tout pays, les juifs se montrent dociles à la voix de l'autorité de fait, pourvu qu'ils puissent se livrer librement à leurs habitudes de lucre et de profit. On ne s'occupe d'eux que pour ré-primer leur cupidité. Viennent enfin les Arabes : ceux-là sont à considérer, car ils déploient de l'énergie et de la résolution; mais ils font de ces qualités précieuses le plus déplorable emploi, au lieu de les tourner au profit de leur bien-être, et c'est ce qu'il faut s'attacher à leur faire comprendre, en se mêlant à eux et en évitant avec soin tout ce qui peut réveiller en eux toute idée de vengeance ou de ressentiment. Les essais de cette na-ture qui ont été tentés jusqu'à présent, et qui ont été couronnés de succès, présagent ce que l'on doit attendre de ceux qui seront faits sur une plus grande échelle. Si les Maures sont parvenus à transplanter la civilisation en Espagne, pourquoi les Arabes ne nous seraient-ils pas redevables du même bienfait?

Il n'est pas exact de dire qu'elles se battent contre nous *pro aris et focis*. Les Arabes ne sont nullement inquiétés dans leur culte, encore moins dépouillés de leurs champs, car les transmissions de propriétés qui ont eu lieu jusqu'à présent ont été faites légalement et de gré à gré, et il en sera de même par la suite. On peut dire même que les transactions avec les colons leur ont révélé une valeur que jusque là ils n'avaient pas soupçonnée à leurs terres ni à leurs immeubles, et chaque jour ils acquièrent la conviction que notre contact leur tourne plus à profit qu'à perte. C'est une erreur de croire que les nouveaux venus se trouvent dans la nécessité d'expulser les indigènes : la population indigène est dans une si faible proportion avec cette immense étendue de territoire, qu'il y a place pour tout le monde ; il ne s'agit que de s'entendre et de se prêter un mutuel appui. C'est vers cet esprit de conciliation et de mutuelle bienveillance que doivent tendre tous les efforts de ceux qui sont appelés à régir le pays.

Dans l'hypothèse donnée d'une guerre continentale, qui, bien que peu probable, doit être prévue puisqu'elle est possible, où serait la nécessité de réduire les forces de l'occupation ? Si, lorsque toute l'Europe était conjurée contre nous, nous n'avons pas retiré notre protection à nos établissemens coloniaux, situés dans des régions lointaines, comment nous trouverions-nous réduits à abandonner celui qui est à notre portée et pour ainsi dire dans nos eaux ? La nation qui se laisserait aller à d'aussi timides conseils serait bientôt déchue de son rang et de sa prépondérance en Europe. Mais enfin, en admettant la possibilité des désastres nés de la prévoyance de la commission, il faudrait que la guerre vînt à éclater très incessamment, car, pour peu qu'elle se fasse attendre, les progrès de la colonisation seront tels qu'elle parviendrait à se défendre elle-même pour peu qu'elle y fût préparée à l'avance par l'institution d'une garde civique. Mais toutes ces suppositions sont gratuites, et si l'on entrait dans la voie des prévisions, on arriverait à ne pas faire usage de ses jambes crainte d'accident.

Le système colonial tel qu'on l'entend aujourd'hui devient chaque jour plus antipathique; l'esclavage, qui en fait la base, est repoussé par nos idées actuelles. Mais ici il n'est pas question d'esclavage, il ne serait pas même rigoureusement question de colonie, car rien ne s'oppose à ce que la régence d'Alger soit élevée au rang d'un département de France, à l'instar de la Corse. La perte de nos colonies ne serait pas pour la France un bien douloureux sacrifice; car elles sont si loin de nous, elles sont tellement exposées en cas de guerre et nous en retirons si peu d'avantages, que nous n'y tenons que par amour-propre national. Ces considérations ne servent qu'à faire ressortir davantage le prix de ce vaste continent qui se présente à nous, qui est à notre portée, et qui devient un exutoire naturel à cette population qui déborde; qui enfin à lui seul peut nous tenir lieu de tous nos autres établissemens coloniaux et nous dédommager amplement de leur perte. Et nous serions assez aveugles pour répudier cette bonne fortune?

Le territoire de la régence a 225 lieues de côtes, sur une profondeur moyenne de 75 lieues; elle a conséquemment 80 millions d'arpens, dont 40 au moins peuvent être mis en culture. On n'évalue la population actuelle qu'à 800,000 indigènes, tandis qu'au cinquième siècle, elle s'est élevée depuis 10 jusqu'à 12 millions. C'est donc un continent désert qu'il s'agit de repeupler; c'est un terrain fertile, resté en friche depuis des siècles, à remettre en valeur.

La secte moderne des économistes repousse tout système de colonisation : « Chaque pays, dit-elle, doit produire ce qui est dans la nature de son sol, et le soin de l'exploiter doit être laissé exclusivement aux naturels. » Telle est sa doctrine. « Ne voyez-vous pas, dit-elle, que, au point où en sont les relations commerciales entre les peuples, toutes les productions sont mises en commun par la voie des achats et des échanges, et qu'au moyen de cette réciprocité, il s'établit uue compensation naturelle dans les prix relatifs des produits des différens pays? » Nous n'avons pas à entrer dans le mérite de cette théorie : qu'il nous suffise de faire remarquer qu'elle suppose, ce qui ne se rencontre pas en Afrique, une population indigène suffisante pour féconder le sol et apte à sa culture; mais l'on voit par l'énoncé ci-dessus, d'abord que la population actuelle, comparée à l'étendue du territoire, n'est qu'un point dans l'espace, et que ce qui en existe se montre très peu propre à la culture des terres. Ainsi nous, qui nous vantons de marcher à la tête de la population, nous vouerions à jamais à la stérilité un immense continent qui nous avoisine, qui nous promet toutes les productions que notre sol nous refuse, pour lesquelles nous sommes tributaires des autres peuples, et qui peut si puissamment contribuer à la prospérité de la France!

La commission suppose que l'Afrique n'offre aucun attrait aux émigrans, que cette direction n'entre ni dans leur goût ni dans leur choix. Cette supposition est purement gratuite; comment auraient-ils de l'éloignement pour un pays qui est à leur proximité? comment donneraient-ils la préférence à des voyages de long cours tels que ceux des Indes et des Amériques? Il n'est pas étonnant qu'ils hésitent à se décider, lorsque le gouvernement leur en donne l'exemple, en proclamant hautement ses appréhensions et son impuissance à garantir l'avenir. Le jour où il aura foi et confiance en lui-même, on verra les bras et les fonds affluer.

Le mal est moins dans la réduction de la dépense que dans les considérations qui la motivent. La commission a pris beaucoup de soin à déduire les raisons pour et contre, mais elle n'est pas parvenue à masquer le fond de sa pensée; elle a eu pour but de dissuader le gouvernement de la colonisation. Mieux eût valu garder le silence sur ce point : chacun l'aurait interprété à sa manière, au lieu qu'on ne peut s'y tromper. Il est évident que l'occupation purement littorale, telle que l'entend la commission, ne serait qu'un non-sens, et la dépense qu'elle occasionnerait ne pourrait se justifier, puisqu'elle serait en pure perte. Comme un pareil état de choses ne saurait être durable, on est tenté de le regarder comme transitoire, et la malignité n'est que trop portée à en tirer des inductions fâcheuses. Il eût mieux valu prendre une position définitive pour se mettre par là à l'abri de toute fausse interprétation.

La commission répudie, de sa propre autorité, toute intervention dans l'œuvre de la colonisation de la part du gouvernement. Elle abandonne les colons à eux-mêmes après les avoir entourés de terreurs. Mais le gouvernement est-il le maître de consommer ce divorce? Cette intervention qu'il a prêtée depuis cinq ans, peut-il la retirer à volonté? Peut-il faire enfin que ce qui a été ne soit plus? Quoi! sur la foi de cette intervention, ou plutôt de cette coopération, encouragé par l'exemple du gouvernement lui-même, un particulier aura engagé sa fortune, son crédit et son industrie, et cette protection, sur laquelle il a dû compter, viendrait tout à coup à lui manquer, et cela parce qu'il plairait au gouvernement de revenir sur ses pas!

Espérons que le ministère, après avoir constitué, à grands frais et sous diverses formes, un appareil gouvernemental complet, armé de toutes pièces, qui fonctionne depuis cinq ans dans toute l'étendue de ses attributions, ne voudra pas répudier son propre ouvrage et faire défection aux actes qui émanent de lui; qu'en conséquence, il fera sentir aux chambres que, puisque le gouvernement a perçu des droits et a exercé l'autorité, il entre dans ses obligations de supporter les charges de de la grande voiérie, telles que l'entretien et la construction des grandes routes, les travaux d'assainissement et tout ce qui tient à la sûreté et à la salubrité publique,

La commission s'applique à supputer la dépense avec un soin minutieux ; elle l'analyse et la décompose pour en tirer toute la quintessence : c'est une sollicitude dont on ne saurait trop la louer. Ce n'est point ici le lieu de contester ses calculs; nous préférons les tenir pour exacts. La dépense est d'autant plus à regretter qu'on aurait pu en épargner une grande partie et faire un meilleur emploi de celle qui était inévitable. Nul doute qu'il ne faille mettre à profit l'expérience du passé et la réduire au strict nécessaire. Mais, est-ce donc là une question d'argent? Peut-on compter pour rien l'honneur et la dignité nationale? Ne doit-on tenir aucun compte de la prépondérance qui nous est acquise sur la Méditerranée et en Europe?

N'est-ce donc rien que d'avoir extirpé la piraterie, qui ne respectait aucun pavillon? d'avoir ouvert les portes de la régence à toutes les nations, qui peuvent y trafiquer en toute sûreté? Il serait donc vrai que la France, assez forte pour conquérir, manquerait de force pour conserver sa conquête : ainsi elle se déclarerait impuissante pour l'œuvre qui a été accomplie par des janissaires? Il est impossible que les hommes d'état, qui voient dans l'avenir, et qui s'occupent de ses destinées, désertent sa dignité et sa gloire au point de substituer les vues d'une économie mesquine à de si hautes considérations, et de convertir une question d'état en une question financière.

Tout ce que dit la commission sur l'extension démesurée qu'a reçue l'occupation, sur la nécessité de la restreindre dans de plus justes limites, est vivement sentie par tous ceux qui ont observé la marche des événemens. Cette extension, due à la plus aveugle obstination, déconseillée par tous ceux dont l'opinion était de quelque poids, a eu l'inconvénient de doubler la dépense en pure perte. Ce surcroît de dépense n'est pas ce qu'il y a de plus déplorable; ce qui est déplorable, c'est la nécessité d'évacuer ces mêmes places, pour la prise et l'occupation desquelles nous avons été conduits à des sacrifices d'hommes et d'argent, ce qui ne manquerait pas de nous discréditer aux yeux des Arabes, qui prendront cela pour une retraite forcée. Il est évident que le moyen d'échouer dans une colonisation est de l'entreprendre sur une trop longue échelle, et que vouloir tout coloniser à la fois, c'est s'exposer à ne rien coloniser. Cette vérité proverbiale a été complétement dédaignée et sacrifiée à une humeur chevaleresque qui était hors de saison. Ici la faute est à ceux qui, de Paris, ont eu la folle prétention de régler les destinées de la colonisation, au lieu de s'en remettre à l'autorité déléguée sur les lieux. Mais on ne saurait rien conclure contre la colonisation des fautes et des erreurs dans lesquelles sont tombés ceux qui ont voulu la régir par théorie.

On ne saurait non plus rien conclure contre elle du peu de progrès que l'on remarque après cinq ans d'occupation. D'abord se rend-on bien compte du laps de cinq ans dans la durée d'un établissement de cette nature et des obstacles sans nombre que rencontre un établissement au berceau? La commission donne à entendre quelque part que les cultures sont interrompues, et elle impute ce désordre à notre présence : entend-elle parler de la culture des Arabes? elle ignore, sans doute, que cette culture se borne à quelques parcelles de terre, prises çà et là, et qu'ils n'ont rien changé à l'ordre de leurs travaux. Si elle a voulu parler des travaux de culture exécutés par les colons, il est de notoriété publique qu'ils ont pris un développement inespéré.

Mais en admettant que les progrès ne soient pas tels qu'on aurait pu l'espérer, c'est encore à l'administration qu'il faut s'en prendre. Quand on pense que dans ce court espace de cinq ans, les pouvoirs administratifs et militaires sont passés, convulsivement, en six mains différentes, doit-on s'étonner que là où il y a absence complète de système, il y ait absence absolue d'unité d'action et de vue? S'il y a s'étonner de quelque chose, c'est qu'à travers cette versatilité et ces irrésolutions dans la haute direction, il reste encore quelque apparence d'ordre et de régularité. Ce sont ces fautes répétées de la part de l'autorité qui finissent par donner de la consistance à ce préjugé, que les Français sont peu propres à coloniser; qu'à la vérité ils se montrent hardis et entreprenans dans la conception, mais qu'ils manquent de ténacité et de persévérance dans l'exécution. S'il y a quelque chose de vrai dans cette appréciation du caractère national, le tort est de le prendre dans un sens trop absolu, et les établissemens lointains que nous avons fondés et rendus prospères, avec des conditions beaucoup moins favorables, répondent victorieusement à ce reproche.

Toutes les précautions oratoires auxquelles la commission a eu recours pour faire croire à son impartialité, n'ont pu donner le change sur le fond de sa pensée; car, que signifie une occupation purement littorale, si elle n'est pas le prélude d'un prochain abandon? Comment pourrions-nous rester long-temps aux yeux de l'Europe dans cette attitude d'impuissance? Quoi! se garder de tout contact avec la colonisation, dans la crainte de partager les catastrophes que l'avenir lui prépare et qu'on lui prédit, cet avenir menaçant, et qu'on ne peut se *promettre* de *maîtriser?* Mais mieux eût valu franchement voter l'abandon, que de le donner ainsi à entendre : c'est prolonger l'agonie d'un mourant. Il est à croire qu'au sein des chambres, l'honneur et la dignité nationale seront mieux compris, et qu'à son grand étonnement, la commission trouvera des contradicteurs jusques sur les bancs du ministère ; car le gouvernement aura sans doute à cœur de prouver que depuis cinq ans il ne marche pas en aveugle, et qu'il tend vers un but déterminé.

Il faut en revenir à la vérité. Le climat est beau et salubre, le sol est fertile et n'attend que des bras qui veuillent et qui sachent le féconder ; le continent est immense, et, comparativement à son étendue, on peut dire qu'il n'est pas peuplé. Ainsi, sans serrer les rangs, il y a place pour tout le monde ; les nouveaux venus n'expulseront personne, et il ne s'agit que de s'entendre et surtout de ne pas proclamer, à son de trompe, notre impuissance, la supériorité et l'ascendant que prennent les Arabes sur nous. Le littoral, accessible de toutes parts, offre des ports et des rades aux spéculateurs de tous les pays, qui s'y donneront rendez-vous, et nous verrions, d'un air dédaigneux et indifférent, tous ces dons de la nature et de l'art tomber en partage à une autre nation ! car enfin faut-il que le continent, en quelque sorte inhabité, devienne la propriété de quelqu'un, si nous venons à la répudier ; mais ici il y a non seulement avantage matériel dans la conservation, mais elle est commandée par les plus impérieuses nécessités commerciales, industrielles, militaires et politiques.

COROLLAIRE.

S'il est vrai que la colonisation ne saurait reconnaître d'obstacle sérieux et réel, ni dans la population indigène, dont les dispositions cesseront d'être hostiles lorsque nous cesserons de lui apparaître en ennemis, ce qui dépend uniquement de notre savoir-faire ; ni dans le climat, dont la salubrité ne laissera rien à désirer, lorsque les eaux, restées en stagnation sur certains points, seront rendues à leur cours naturel ; ni dans la fertilité du sol, qui jouit du privilége bien rare, qui ne lui est commun avec aucune autre contrée connue, celui d'être propre à une grande variété de cultures qui sembleraient s'exclure ; ni enfin dans notre prétendue inaptitude à coloniser, dont nous nous gratifions nous-mêmes, bien que nous ayons donné de nombreux exemples du contraire, comment qualifier cette force d'inertie qui retient dans une sorte de langueur et de malaise un établissement impatient de se développer ? Obéirions-nous, à notre insu, aux exigences de la politique extérieure ? La malignité n'a pas manqué de le donner à penser, et la crédulité, d'y ajouter foi ; mais la France a trop le sentiment de sa force et de sa dignité pour y croire. Quoi qu'il en soit, cet état de choses dure depuis trop long-temps, et la nécessité d'y mettre un terme est devenue tellement impérieuse, qu'on ne saurait s'y soustraire.

La question se réduit donc à savoir si l'on veut fonder ou non. Si l'on ne veut pas fonder, il faut se résoudre à une évacuation immédiate, puisque chaque jour de délai ajouté aux sacrifices déjà faits, en hommes et en argent, et, puisqu'on devait en venir là, il est à regretter que ce parti n'ait pas été pris au moment même de la conquête. L'occupation proposée de quelques places de littoral, qui ne peut-être que temporaire, puisqu'elle est sans objet, n'est qu'un attermoiement qui ne fera qu'ajouter à l'embarras de l'évacuation.

Si, au contraire, on est dans l'intention formelle de fonder, il faut en prendre les moyens, et faire ce qui n'a pas été fait. Au nombre de ces moyens, celui qui est le plus efficace, puisqu'il supplée à tout et auquel rien ne supplée, c'est le choix d'un homme. Que l'on consulte les temps anciens et modernes, on reconnaîtra qu'aucune création de cette nature n'a eu lieu qu'elle n'ait été l'ouvrage d'un seul, car cette œuvre ne peut être accomplie qu'à la faveur de l'unité de pensée et d'action. Le gouvernement tenterait en vain de se soustraire à cette condition, qui est devenue pour lui une nécessité, sous peine d'échouer dans son projet. Il n'a pas besoin, pour cela, de recourir à l'histoire, il en a fait lui-même l'expérience.

Je ne tracerai pas, comme on s'est plu à le faire, un portrait idéal de toutes les perfections dont devrait être doué cet homme de choix, qui serait introuvable et qu'il faudrait garder en France si l'on parvenait à le découvrir, comme l'a dit quelque part l'honorable rapporteur : ces sortes de portraits ne sont bons qu'à figurer dans un roman.

Il suffit que cet homme, sans être un génie, sache allier la sagesse à la résolution, l'esprit de justice à la fermeté, mais surtout qu'il ait le feu sacré, c'est-à-dire qu'il soit mu par une conviction profonde, qu'il ait foi en lui-même, et qu'il ait l'art de l'inspirer aux autres, et surtout qu'il se montre sensible à la gloire d'attacher son nom à une grande et utile entreprise. Ainsi, les termes de son mandat seront simples : *pleins-pouvoirs, n'ayant pour limites que la responsabilité qui y est attachée.*

Paris, le 43 mai 1835.

L'intendant militaire, délégué des colons d'Alger,

Baron VOLLAND.